AF602238

1903 - Mai 30

270 | Chambre des Commissaires-Priseurs Envoi à la Bibliothèque Nationale.

Collection L. S. de M.

ŒUVRES

DE

Félicien ROPS

Dessins

Eaux-Fortes -- Lithographies

ESTAMPES MODERNES

PAR

BUHOT, CHARPENTIER, CHAHINE, DELATRE, LEPÈRE
ET WALTNER

Dont la vente aux enchères publiques aura lieu

HOTEL DES COMMISSAIRES-PRISEURS, RUE DROUOT, N° 9

Salle N° 8

Le Samedi 30 Mai 1903, à 2 heures précises

Par le Ministère

de Mᵉ MAURICE DELESTRE, Commissaire-Priseur

5, rue Saint-Georges

Assisté de M. EDMOND SAGOT, Éditeur et Md d'Estampes

39 *bis*, Rue de Châteaudun

CONDITIONS DE VENTE

La vente sera faite au comptant.

Les acquéreurs paieront *dix pour cent* en sus des adjudications.

L'expert se réserve la faculté de réunir ou de diviser les lots.

Exposition, chez l'expert, du *Lundi* 25 au *Jeudi* 28 *Mai*.

Catalogue de la Collection L. S. de M.

Œuvres de Félicien Rops

DESSINS

EAUX-FORTES — LITHOGRAPHIES

Estampes Modernes

PAR

BUHOT, CHARPENTIER, CHAHINE, DELATRE, LEPÈRE ET WALTNER

DÉSIGNATION

BAUER (Karl). — BURGER (Fritz).

1. — Portrait de Gœthe, lithographie originale par *Bauer*. — Femme à la palme, Femme à la statuette, 2 lithographies en couleurs par *Fritz Burger*, ensemble 3 pièces, très belles épreuves.

BUHOT (F.).

2. — Japonisme, titre et ex-libris (G. B. 11 et 20), 2 épreuves du titre sur papier et de tons différents et 1 de l'ex-libris ; ensemble, 3 pièces, belles épreuves.

3. — Japonisme, suite complète de 10 pièces plus la couverture (G. B. 11 à 20), très belles épreuves. *Cachet.* Exemplaire n° 28 des 50 tirés *sur Japon*.

4. — Quatre ânons dans un pré, eau forte sur papier ancien verdâtre (C. Bourcard n° 54), 2e Etat. — Têtes de bretons (G. B. 80), sur papier essencé, ensemble 2 pièces, très belles épreuves. Cachet de l'artiste.

5. — Vignettes pour *Une Vieille Maîtresse*, 6 pièces, très belles épreuves *d'État* sur papier vergé marges in-8 : *Un thé de douairières* (G. B. 99), État non décrit entre le 1er et le 2e. — *Les Adieux*, (G. B. 101). État non décrit intermédiaire entre le 1er et le 2e. — *Le Criard* (G. B. 104), 1er Etat avec l'esquisse des croquis de marges. — *Caramba, fit-elle!* (G. B. 103), 2e et 3e Etat. — *La Blanche Caroline* (G. B. 105), État non décrit entre le 2e et le 3e.

6. — Ex-libris pour l'Ensorcelée (G. B. 116), 2e État, très belle épreuve sur papier éssencé, *signée*. — Cacoletière à la tour (G. B. 62), 1er et 2e État, 2 épreuves *signées* ; ensemble, 3 pièces.

7. — L'Hiver à Paris (G. B. 128), très belle épreuve sur Japon du 3e État avant les mots *l'Art*.

C'est le meilleur état de cette planche une des plus belles de l'œuvre ; elle a été tirée à une centaine d'épreuves dans cet état pour les exemplaires en grand papier du journal *L'Art*, puis après le tirage avec la lettre pour le Journal a été retouchée notablement par l'artiste, qui l'a alourdie.

8. — Débarquement en Angieterre (G. B. 130), très belle épreuve sur Japon du 5e état. *Cachet*.

9. — La Petite Marine-Souvenir de Medway (G. B. 153). Contre épreuve du 3e Etat tirée à l'essence, *signature* et *Cachet*. Très belle épreuve sur papier bleu.

10. — L'Église de Jobourg (G. B. 170), très belle épreuve du 1er État sur papier vert ancien. *Cachet*.
Planche détruite.

11. — Frontispice pour les *Zigzags d'un Curieux* (G. B. 172), 1er État sur papier essencé, 2e État, 3e État sur Hollande, ensemble 3 pièces, très belles épreuves, les 2 premières *signées*.

12. — Le Petit Chasseur, lithographie (G. B. 181), 2e Etat, très belle épreuve sur chine.

CHARPENTIER (Alex.) — CRANE (Walter)

13. — Baigneuse à la fleur, estampage n° 6/100, *numérotée* et *signée*, par *Charpentier*. — Bacchante, litho. à la plume, par *Walter-Crane*, épreuve d'essai ; ensemble 2 pièces, belles épreuves.

CHAHINE (Edgar).

14. — Un gueux, eau forte et aquatinte, très belle épreuve imprimée en couleurs sur hollande.

CHAVANNES (P. Puvis de). — GRASSET (Eug.)

15. — Centenaire de la lithographie et Encre Marquet, 2 affiches en couleurs *entoilées*.

DELATRE (Eugène).

16. — La Couturière, eau forte et aquatinte très belle épreuve sur hollande, imprimée en couleurs, *signée* et numérotée 38.

DESBOUTIN (Marcellin).

17. — Portraits de Villiers de l'Isle Adam. — Portrait de Manet, 2 pointes sèches et vernis mou, très belles épreuves sur hollande signées, la première imprimée en sanguine.

IBELS (H.-G.). — VALLOTON (F.).

18. — Exposition Ibels à La Bodinière, affiche lithographiée en couleurs, par *Ibels*. — Paris Intense, suite de 6 lithographies et couverture, par *F. Vallotton*, ensemble 8 pièces.

LEPÈRE (Aug.)

19. — Enterrement dans le Marais Vendéen, *Eau forte*, très belle épreuve du 1er État, sur hollande.

Pour la *Société des Amis de l'Eau forte*. Non mise dans le commerce. Pièce capitale de l'œuvre.

PIGUET (Rodolphe)

20. — Paysage, eau forte et pointe sèche, très belle épreuve du 1er Etat, sur hollande.

Pour la *Société des Amis de l'Eau forte*. Non mise dans le commerce.

RENOUARD (Paul)

21. — La Cauda, répétition de la Farandole des *Barbares*, à l'Opéra; eau forte, très belle épreuve du 1er État, sur hollande.

Pour la *Société des Amis de l'Eau forte*. Non mise dans le commerce.

WALTNER (Ch.)

22. — Etude de femme d'après *Eugène Carrière*, eau forte, très belle épreuve du 1er État sur *Japon*.

Non mise dans le commerce; pour la *Société des Amis de l'Eau forte*.

ŒUVRES DE F. ROPS

23. — Son portrait gravé par *Eug. Burney*, série de 4 épreuves d'Etat sur différents papiers, dont une, terminée, sur chine collé, *avant la coupure du cuivre.*

24. — Son portrait par *Eug. Burney*, superbe épreuve terminée, sur chine, *signée* et numérotée 32.

Epreuve avant la coupure du cuivre qui, pour le tirage avec la lettre, a été rogné.

25. — Son portrait gravé à l'eau-forte par *F. Desmoulin* d'après *Mathey*, très belle épreuve de remarque, sur hollande.

26. — Son portrait gravé par *F. Courboin* pour la Couverture du Catalogue Ramiro, épreuve d'artiste, sur hollande.

27. — Son portrait gravé par *de Witte*, épreuve d'artiste, sur Japon, in-folio, signée et datée : Félicien Rops, 1896.

Le dernier portrait exécuté du vivant de l'artiste.

28. — Pédagogique (Ramiro n° 1), très belle épreuve sur Japon. Très rare.

29. — La diligence d'Uccle (R. n° 2), très belle épreuve sur chine. Très rare.

Nous y joignons 1 exemplaire de la reproduction publiée dans l'*Autographe au Salon* (remontée sur bristol).

30. — La femme au boléro (R. n° 3), 2e Etat, superbe épreuve sur Japon, *signée*.

31. — Essuie-mains réactifs Belges (R. n° 5), 3e Etat. — Billet à ordre (R. n° 4), épreuve tirée sur papier timbré ; ensemble 2 pièces, très belles épreuves.

Ce dernier porte au dos : *Paris le 30 décembre 1876. Bon pour des gravures sur ivoire.*

Au trente juillet prochain, je livrerai à Madame Jeanne ou à son ordre les gravures sur ivoire. (Autog. de F. Rops).

32. — La Fantoche (R. n° 10), très belle épreuve sur hollande du 1er Etat.

33. — La même pièce, très belle épreuve sur japon du 2e Etat.

34. — Femme à la toque écossaise (R. 23), très belle épreuve du 1er Etat, sur vélin.

35. — La même pièce, très belle épreuve sur japon du 3e Etat.

36. — Une épreuve du 3e Etat, *retouchée* au crayon.

37. — La même, très belle épreuve du 5e Etat, sur hollande.

38. — La même pièce, très belle épreuve du 7e Etat sur chine.

39. — Un double du même Etat, sur vergé fin.

40. — La Soetkin, 2e planche (R. 25 *bis*), très belle épreuve du 1er Etat, sur hollande.

41. — La petite peleuse de pommes de terre (R. 26), très belle épreuve du 2e Etat, sur hollande.

42. — Les Adieux d'Auteuil (R. 30), très belle épreuve du 2e Etat, sur japon.

43. — Norvégienne (R. 32), très belle épreuve du véritable 1er Etat (*non décrit*), sur hollande, *signée*.

Dans cet état l'inscription n'est pas effacée.

44. — La même pièce, 1er Etat décrit, très belle épreuve sur hollande, *signée*.

45. — La Quotidienne (R. 35), très belle épreuve sur chine du 1er Etat.

46. — Le Bassonniste (R. 40), très belle épreuve du 1er Etat, sur hollande.

47. — La même pièce, 2e Etat, hollande, *signée*.

48. — L'Oncle Claës et la tante Johanna (R. 42), très belle épreuve du 1er Etat, sur hollande.

49. — La grande femme à la fourrure assise (R. 46), très belle épreuve du 1er Etat, sur hollande. Cachet de la collection Ramiro.

50. — La même pièce, très belle épreuve du 5e Etat, sur hollande.

Etat non décrit *avec deux nouveaux croquis en marge* et une tête d'homme dans la marge inférieure.

51. — Amour Sénile (R. 47), très belle épreuve du 1er Etat, sur japon. Cachet de la collection Ramiro.

52. — En prenant le thé ! (R. 51), très belle épreuve du 2e Etat, sur hollande, signée. Cachet de la collection Ramiro.

53. — Passé minuit (R. 52), très belle épreuve du 3e État, sur japon.

54. — L'Oliviérade (R. 54 *bis*), très belle épreuve du 3e État, sur Hollande, *signée*.

55. — La Gitana (R. 59), superbe épreuve sur japon, in-folio, *signée*.

56. — Oude-Kate (R. 60), très belle épreuve sur japon, *signée*.

Avec un *croquis original* dans la marge inférieure et la légende suivante autographe : « Voilà l'Oude-Kate ! c'est le 1er Etat. — Ne t'effraie pas de sa pâleur, le vernis mou nous joue de ses tours. Rassure-toi, je vais mettre un grain d'aquatinte sur le tout et cela va ramener du ton. Elle est ressemblante, hein? Te la rappelles-tu assise sur son « chain ». Ce mot wallon et flamand, de chain, m'a toujours fait rêver; d'où cela peut-il venir? Nous ferons des fouilles étymologiques comme au bon temps du père Chavée à Mettet.

57. — Médaillon de la Société internationale des Aquafortistes (R. 61), 2 épreuves sur différents papiers. — Pallas (R. 62), très belle épreuve du 13e état, sur japon; ensemble 3 pièces.

58. — Jean Brouette (R. 68), très belle épreuve du 6e Etat, sur papier ancien.

59. — La Barque (R. 70), très belle épreuve du 1er Etat, retouchée, sur chine.

60. — La même pièce, très belle épreuve du 2e Etat, sur chine.

61. — La même pièce, très belle épreuve du 3e Etat, sur vélin.

62. — La même pièce, très belle épreuve du 4e Etat, sur hollande. Au verso fragment d'une ancienne eau-forte.

63. — La même pièce, 6e Etat, hollande, *signée.*

64. — La Chasse au lièvre (R. 71), 4e Etat, sur hollande, *signée.* — Complaisance (R. 77), 2e Etat, japon, *signée*, ensemble 2 pièces, belles épreuves.

65. — Le Miroir de coquetterie (R. 78), superbe épreuve sur japon, *signée*, du 1er Etat.

66. — La Femme à la tête de mort (R. 81), très belle épreuve du 1er Etat, sur japon.

67. — La même pièce, superbe épreuve du 2e Etat, sur hollande, *signée*, avec le 1er Etat de la Portière de Jacquemart.

68. — La même pièce, superbe épreuve sur hollande du 3e Etat, *signée.*

69. — La même planche, 4e Etat, japon, *signée.*

70. — La même planche, 5e Etat, japon, *signée* après la coupure du cuivre.

71. — Misanthropie (R. 83), superbe épreuve sur japon, *signée.*

72. — La Dame au Carcel (R. 85), 2e Etat, superbe épreuve sur japon, *signée.*

Epreuve rehaussée de teintes par l'artiste.

73. — Zud-West (R. 86), très belle épreuve sur hollande, avec 3 croquis *originaux* dans les marges, un bateau, une tête de femme, une tête d'homme, et cette légende autographe : *Notre vieux Janssens! regardant d'où vient le vent, te le rappelles-tu?* sous la tête de femme : *la mère Janssens.*

74. — Question d'Orient (R. 92), très belle épreuve du 1er Etat, sur japon.

75. — Vieux faune (R. 96), très belle épreuve sur hollande.

76. — Vieux docteur (R. 98), très belle épreuve du 1er Etat, sur hollande.

77. — La même pièce, 2e état, japon, *signée.*

78. — Le Doigt dans l'œil (R. 99), 1er Etat, japon, *signée.*

79. — La Vieille à l'aiguille (R. 100), superbe épreuve sur japon, *signée.*

80. — La Vieille à l'aiguille (planche d'essai brulée) (R. 101). — Paysan breton (R. 102), sur japon, 2e Etat ; ensemble 2 pièces, très belles épreuves.

81. — Orphée (R. 106), très belle épreuve sur japon, *signée,* avec un croquis original à la plume : *Un épicier 1830.*

82. — La baie de Nippe (R. 108), gravure sur bois, épreuve sur chine. (On y joint une réduction in-8° tirée en bistre sur vélin.)

83. — La Vieille Masken, Servante anversoise (R. 112), très belle épreuve du 1er État, sur Japon.

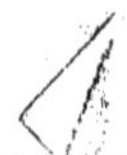

84. — La même, 2e État, sur hollande, *signée*.

85. — La même, 4e État, hollande, *signée*.

86. — La Cigogne Japonaise (R. 114). Epreuves des 2e et 3e État, sur Japon, *signées*.

87. — Paysanne du Gâtinais (R. 115), épreuve sur hollande. — Laitière flamande (R. 119 et 531), 7e État, sur Japon; ensemble 2 pièces, très belles épreuves.

88. — La Grève *(grande planche)* (R. 120), très belle épreuve sur Japon.

89. — La Grève *(petite planche)* (R. 121), très belle épreuve du 2e État, sur hollande, *signée*.

90. — Mon grand-oncle (R. 122), 3e État, *signée*. — Dans la Pusta, petite planche (R. 123 *bis*), 2e État; ensemble 2 pièces, très belles épreuves sur Japon.

91. — Celle qui fait celle qui lit Musset (R. 124), très-belle épreuve du 1er État, sur Japon, *signée*.

92. — La planche du tsigane (R. 125), 1er État, hollande, *signée*.

93. — La dernière maja (R. 126), très belle épreuve du 2e État, Japon, *signée*.

94. — La même pièce, superbe épreuve du 8e État, sur Japon.

95. — Le Semeur des paraboles (R. 130), très belle épreuve sur hollande, *signée*.

96. — La Sieste, grande planche (R. 131), magnifique épreuve sur Japon, *signée*.

97. — La Sieste, petite planche (R. 132), très belle épreuve sur Japon, *signée*.

98. — Le Pot au lait (R. 133), très belle épreuve du 2e État, sur hollande.

99. — La Migraine (R. 134), très belle épreuve du 1er État, sur hollande.

100. — La Vieille aux fleurs de lys (R. 135), épreuve tirée en bistre. — Ma goutte (R. 137), *sujet du milieu seul*, sur hollande, *signée*; ensemble 2 pièces, très belles épreuves.

101. — Le Rappel (R. 139), très belle épreuve sur hollande, *signée*.

102. — Guerrière (R. 148), très belle épreuve du 1er État, Japon, *signée*.

103. — La même pièce, très belle épreuve, Japon, du 2e État, *signée avec les vers transcrits par Rops*.

104. — La petite liseuse (R. 157), 2e État, sur hollande. — Fantaisie Japonaise (R. 159), Japon, *signée* ; ensemble 2 pièces, belles épreuves.

105. — Juillet (R. 169), belle épreuve du 3e État, sur hollande.

106. — Printemps (R. 170), très belle épreuve sur Japon, *signée*.

107. — Frontispice des Œuvres inutiles ou nuisibles (R. 145), très belle épreuve du 11e État, *tirée* SUR SATIN. Extrêmement rare en cette condition.

108. — Le Train des maris (R. 146), 1er État, très belle épreuve sur Japon, *signée*.

109. — La même pièce, très belle épreuve du 3e État, sur Japon, *signée*.

110. — Frontispice d'une suite d'œuvres libres (R. 154), superbe épreuve du 1er État sur Japon, *signée*.

111. — Conventionnel (R. 152), épreuve sur japon, *signée*. — Remparts (R. 160), 2e état, japon, *signée*; ensemble 2 pièces, très belles épreuves.

112. — La foire aux amours, grande planche (R. 163), très belle épreuve sur hollande du 1er état, *signée avec cette mention autographe de Rops : UNIQUE*.

113. — La Foire aux amours, *grande planche* (R. 165), superbe épreuve sur japon, *signée*.

114. — Mors syphilitica (R. 167). Superbe épreuve, sur japon.

115. — L'Eté (R. 169), épreuve sur hollande, *signée.*

116. — Modernité (R. 171), très belle épreuve du 3° état non décrit avec *Académie*, sur japon, *signée.*

117. — La Colère (R. 173), 2° état, sur japon. — Le Pendu (R. 176), 2° état, sur vélin, *signée;* ensemble 2 pièces, très belles épreuves.

118. — La chanson du soir (R. 180), sur hollande. — C'zardas (R. 182), épreuve sur hollande ; ensemble 2 pièces, très belles épreuves.

119. — La tête de cheval (R. 202), très belle épreuve du 3° état, sur hollande, *signée* (très rare).

120. — L'Avocat (R. 205), très belle épreuve sur japon du 1er état.

121. — La même planche, très belle épreuve sur japon du *dernier* état. Très rares.

122. — Olla Podrida (R. 208), 3° État, japon, *signée.*

123. — La dame au Cochon, très belle photographie, grand format, *coloriée*,

124. — La même pièce, gravure à l'eau forte, *par* GAUJEAN, *en couleurs*, très belle épreuve, sur Japon.

125. — La même pièce (R. 239), *grand format*, sur hollande, *signée.*

126. — Le joyeux bidet (R. 244), très belle épreuve sur japon, *signée.*

127. — Ma fille, monsieur Cabanel ! (R. 246), très belle épreuve du 1er État, sur hollande, *signée.*

128. — La Sirène (R. 250), très belle épreuve sur hollande.

129. — L'organiste du diable (R. 256), très belle épreuve sur Japon, d'un 3° État *non décrit, avec des effaçages qui ôtent à cette pièce son caractère libre.*

130. — La Bergère (R. 281), très belle épreuve sur hollande *avec la suscription :* Telle qu'une bergère au plus beau jour de fête...

131. — Le grand marmiton, Menu (R. 282), très belle épreuve sur Japon signée *avec 5 lignes autographes de Rops.*

132. — Le docteur (R. 289), très belle épreuve sur hollande, avec, dans la marge, 2 *jolis croquis* à la plume origiginaux.

133. — La Cuisine dosimétrique (R. 288), 3° État, *signée.* — Le Cochon nimbé (R. 290), 3° Etat, signé. — Le Cochon truffier (R. 298), 2° État; ensemble 3 pièces, très belles épreuves.

134. — La crémaillère (R. 295), très belle épreuve, sur Japon, *signée*, du 2° État.

135. — La jolie fille en chemise (R. 296), très belle épreuve du 3° État, *planche d'ensemble* sur Japon.

136. — Menu Duluc (R. 297), 1er État, Japon, *signée;* ensemble 2 pièces, très belles épreuves.

137. — La Barque (R. 300), 1er État, NON DÉCRIT, *avant le grain d'aquatinte.*

138. — La même pièce, 2° État, NON DÉCRIT, *avec un grain d'aquatinte*, sous la barque et sur les oiseaux. — La muse en crinoline (R. 304). — L'amour orchestre (R. 306). — L'amour harpiste (R. 307), ensemble 5 pièces, belles épreuves.

139. — Le Chat (R. 309), 4° État. — Le Chat (R. 310), 4° État, *signée.* — Le Chat, planche refaite et agrandie (R. 310 *bis*), ensemble 3 pièces, très belles épreuves.

140. — Les Colombes (R. 326), 2° État. — Vignette pour Kistemackers (R. 329), fumé sur chine. — La chrysalide (R. 330), 3° État, hollande, *signée*, ensemble 3 pièces, très belles épreuves.

141. — Théâtre des fixions (R. 331), 3° État, épreuve sur vélin *avec note autographe de Rops.*

142. — Royal club de Sambre-et-Meuse (R. 332), ensemble 2 pièces, belles épreuves.

143. — Affiche pour Rimes de Joie (R. 336), très belle épreuve *tirée en couleurs*, sur Japon.

144. — Le plus bel amour de Don Juan (R. 341), *petite planche*, 1er État, sur Japon, très belle épreuve. Très Rare.

145. — Postface pour les Diaboliques (R. non décrite), très belle épreuve sur Japon, *signée.*

Variante du N° 347 mais avec des modifications dont la plus importante est le *remplacement de la Folie par une figure d'homme coiffé d'un chapeau.*

146. — Le massage, *grande planche* (R. 351), très belle épreuve sur hollande, *signée.*

147. — Le Cabinet Satyrique du XVIIe siècle (R. 352), 3e Etat, sur chine, *signée.* — Le grand et le petit trottoir, *épreuve avant le titre* (R. 374), 5e État, sur chine ; ensemble 2 pièces, très belles épreuves.

148. — Les chansons de Collé (R. 353), très belle épreuve du 1er État, sur hollande, *signée.*

149. — La même pièce, 2e État, Japon, *signée.*

150. — La mère Gand et son fils Charles, 3e État, Japon. — De Lumey (R. 358), 3e État, sur Chine, *signée.* — Le Buveur (R. 359), 3e État, sur Japon. — Ulenspiegel et le chien blessé, sur hollande (R. 363). — Le Werwolf (R. 361) ; ensemble 5 pièces, belles épreuves avec le second titre.

151. — Les Cousines de la Colonelle (R. 369), très belle épreuve sur Japon, *signée.*

152. — Histoire de la Sainte-Chandelle d'Arras (R. 400), 5e État, Japon, *signée.*

153. — Catéchisme des gens mariés (R. 401), 3e État, hollande, *signée.*

154. — La Fleur lascive, *grande planche* (R. 403), hollande, *signée.*

155. — Les Jeunes France (R. 406), 4e État, très belle épreuve chine, *signée.*

156. — La même pièce, même État, très belle épreuve sur japon.

157. — Frontispice Rimes de Joie (R. 412), superbe épreuve du 2e État, sur hollande.

158. — L'Art moderne (R. 413), très belle épreuve du 1er État, sur hollande.

159. — Folies Bergère (R. 414), 2e État, très belle épreuve, sur japon; ensemble 2 pièces.

160. — La Femme à la fourrure debout (R. 415), très belle épreuve du 1er État, sur japon, *signée.*

161. — La même, très belle épreuve du 2e État, japon, *signée.*

162. — La même, très belle épreuve du 4e État, japon, *signée.*

163. — La même, 5e État, sur hollande.

164. — Le Diable dupé par les femmes (416), 1er État, très belle épreuve sur hollande, *signée.* — La même pièce, très belle épreuve du 3e État, sur japon; ensemble 2 pièces.

165. — Le Christ au Vatican (R. 417), 1er État, très belle épreuve sur hollande *avec tous les croquis de marge.*

166. — Le roman d'une nuit (R. 418) petit format sur hollande.

167. — La même pièce, grand format (R. 418 *bis*), *état non décrit* avec les salissures des marges *et 3 croquis dans la marge inférieure* (Rarissime), sur hollande, *signée.*

168. — Légendes brabançonnes (R. 420 et 421), plus les 2 autres gravures sur bois du livre qui ne sont pas d'après Rops; ensemble 4 pièces.

169. — Gaspard de la Nuit (R. 424), très belle épreuve sur chine du 7e état, mais sans la signature gravée.

170. — Planche d'essais pour Gamiani, Les Cythères, etc. (R. 630) 2e état, sur chine. Très rare.

171. — Akedysseril (R. 633), très belle épreuve sur japon, in-folio, *signée*.

172. — Fiat lux, gravure sur bois de *Boulenaz*, d'après Rops (R. 624).

173. — Initiation sentimentale (R. 635), sur hollande. — Stéphane Mallarmé (R. 636), *épreuve de la planche biffée*, ensemble 3 pièces.

174. — Maturité (R. 637), 11e état, très belle épreuve sur hollande.

175. — A Cœur perdu (R. 640, 3e état). — Masques parisiens (R. 642), 1er état, *épreuve en couleurs*. — Chez les Passants, (R. 643), 3e état, ensemble 3 pièces, belles épreuves.

176. — Le dernier des Romantiques (R. 644), 2e état, très belle épreuve sur hollande, *signée*.

177. — Juif et Chrétien (R. 646), 2e état, très belle épreuve sur simili japon.

178. — Chez les Trappistes (R. 648), 3e état, très belle épreuve sur simili japon, *signée*. On y joint la reproduction de Un Monsieur et une Dame (R. 639), sur simili japon, *signée*.

179. — Un enterrement au pays Wallon (R. 650), 5e État, japon, *signée*.

180. — Les Baisers morts (R. 651), 1er et 2e État, très belles épreuves, la 1re sur japon, *signée*.

181. — Morgat, frontispice (R. 652), 2e État, très belle épreuve sur creswyck, *signée*.

182. — Les Sonnets du docteur : Ecchymoses (R. 657). — Auscultation (R. 658). — Le homard à la Coppée (R. 659), ensemble 3 pièces, belles épreuves sur hollande.

183. — Un document sur l'impuissance d'aimer (R. 660), 5e État, sur hollande, *signée*. — Le Flirt (R. 660 *bis*), sur japon; ensemble 2 pièces, belles épreuves.

184. — Armand Gouzien au village de Mettet les Canards (R. non décrite). — Armand Gouzien et le singe (R. non décrite); ensemble 2 photogravures (?), très belles épreuves sur japon, *signées*.

185. — La Mort qui danse, eau-forte (R. non décrite), très belle épreuve sur papier ancien, *signée*.

186. — Deux têtes de femmes, croquis à l'eau forte sur une planche contenant des croquis de *Daumier*, *Harpignie* et *Taïée* (R. non décrite), très belle épreuve sur japon, *signée*.

187. — Affiche pour une exposition au journal *la Plume*, chromotypographie in-folio en hauteur, *entoilée*.

188. — L'Attrapade, grande et belle photographie du tableau de Rops, in-folio en hauteur; nous y joignons la petite eau-forte de *F. Courboin*, du même sujet, épreuve de remarque (*chauve-souris*).

189. — Les Bulles de Savon, eau forte de *L. Legrand*, d'après Rops. — Types du Boulevard, Type parisiens, 2 gravures sur bois, d'après Rops. — La Chronique, eau forte de *Jasinski*, d'après Rops ; ensemble, 4 pièces.

190. — La Mère aux Satyrions, par *A. Bertrand*, d'après Rops, épreuve de remarque sur Creswyck.

191. — La Soetkin, la Nourrice, 2 eaux fortes d'*A. Bertrand*, *d'après Rops*, gravées sur une même feuille, titre de la Série des États de *Eriti similes Deo*, belle épreuve sur hollande.

LITHOGRAPHIES

192. — Uylenspiegel, journal des Ebats artistiques et littéraires, 1re et 2e année (du 3 février 1856 au 24 janvier 1858) ; ensemble 2 volume in-4° et in-folio cart. 1/2 bradel toile, ébarbés.

Les 2 premières années de ce journal rare et recherché pour les très nombreuses lithographies de F. Rops qu'il contient ; il donne aussi de curieuses lithographies de Ch. de Groux, Gerlier et autres.

Exemplaire en belle condition ; très rare.

193. — Fétis (R. 24). — A nos abonnés (R. 83). — Le dernier des Romantiques (R. 87), 3 pièces extraites de l'Uylenspiegel.

194. — Revue du mois (R. 123 et 124). — Printemps (R. 125). — Garde Civique (R. 126), 4 pièces en double page extraites de l'Uylenspiegel.

195. — Defré (R. 127). — La Comédie politique (R. 129 et 130). — Réouverture de la chambre (R. 131) ; ensemble, 4 pièces, belles épreuves, extraites de l'Uylenspiegel, les 3 dernières en *tirage à part.*

196. — La politique pour rire (R. 133 et 134). — Chroniques constitutionnelles (R. 135). — Un homme de marque (R. 136), ensemble 4 pièces, très belles épreuves de *tirage à part.*

197. — La Politique pour rire (R. 137), État non décrit avec un texte différent. — Nos intimes (R. 139 *bis*). — La dernière incarnation de Vautrin (R. 170), ensemble 3 pièces, très belles épreuves de *tirage à part.*

198. — Tête de Vieille anversoise, très belle épreuve remargée (R. 181).

199. — Médaille de Waterloo, lithographie, in-folio en hauteur (E. R. n° 172), très belle épreuve sur vélin.

200. — Médaille de Waterloo, épreuve *en étain*. Très rare.

201. — Un Monsieur et une Dame (R. 182), très belle épreuve.

202. — Barbey d'Aurevilly (R. 183), fac-simile en couleurs par A. Bonvenne. — La Médaille de Waterloo (face et revers), in-4° en largeur *(R. non décrit)*, ensemble 2 pièces, très belles épreuves.

DESSINS ET AQUARELLES

203. — *Au vainqueur Patton*, grand dessin à la plume in-folio en largeur (a été plié).

204. — *Ecce Mulier*, croquis original au crayon, signé et daté 1873, grand in-8° en hauteur.

205. — *Étude de Femme* à mi-corps, costume du second empire, dessin au crayon Comté, signé F. R., in-8° en hauteur.

206. — *Étude de femme* à mi-corps, la poitrine nue, coiffée d'un bonnet blanc, aquarelle, in-8° en hauteur.

207. — *La Grue*, croquis original à la plume, in-8° en hauteur, signé. A été gravé dans la marge du frontispice *d'Un document sur l'Impuissance d'aimer*.

208. — Humble nudité, DESSIN ORIGINAL *à la plume*, in-8° en hauteur, signé et daté 74.
A été gravé n° 547 du catalogue Ramiro.

209. — *Uylenspiegel assis à terre* et fumant sa pipe, croquis au crayon, in-4° en largeur, signé et daté 59.

210. — *Vieille paysanne* en bonnet blanc en buste, aquarelle in-8° en hauteur, signé.

211. — Les portefeuilles de la Collection.

SUPPLEMENT

au Catalogue de la Collection L. S. de M.

VENTE DU 30 MAI, SALLE N° 8, à 2 heures

Œuvres de Félicien Rops

DESSINS

EAUX-FORTES — LITHOGRAPHIES

Estampes Modernes

PAR

BUHOT, CHARPENTIER, CHAHINE, DELATRE, LEPÈRE ET WALTNER

Par le Ministère

de Me MAURICE DELESTRE, Commissaire-Priseur

5, rue Saint-Georges

Assisté de M. EDMOND SAGOT, Éditeur et Md d'Estampes

39 *bis*, Rue de Châteaudun

DÉSIGNATION

(SUITE)

---

212. — La Crémaillère (R. 295), très belle épreuve du 1er État, sur Japon, avec deux croquis originaux à la plume et au crayon dans la marge inférieure.

Avec cette légende autographe : « Si Delacroix est le lion de la « peinture, Cabanel en est le veau !

Le Joyeux Pontarlié. »

213. — Frontispice pour Alfred de Musset (R. 425), très belle épreuve du 8e État, sur Japon.

214. — Don Paez chez la Sorcière (R. 426), très belle épreuve du 6e État, sur Japon, *signée*.

215. — Curieuse, frontispice (R. 427), très belle épreuve du 3e État, sur Japon.

216. — La chronique à la chambre (R. 430), très belle épreuve, sur Japon. — Suarsuksiorpok ou le chasseur à la bécasse (R. 435 à 441), ensemble 2 feuilles.

217. — L'Amour à travers les âges (R. 445), très belle épreuve sur vélin, imprimée en couleurs.

218. — La Vie élégante, gravure sur bois par *Pruvaite* (R.446), 2 épreuves dont un fumé tiré sur chine.

219. — Les Exercices de dévotion de M. Henri Roch (R.447), très belle épreuve sur Japon, *signée*.

220. — Anaudria (R. 450), sur chine. — L'Ondine (R. 469), ensemble 2 pièces, belles épreuves.

221. — La petite liseuse. — Lézard japonais. — Lettrines aux mirlitons. — Défense du budget. — La galatelle. — La Cigogne Japonaise. *Planche d'ensemble* (R. 489), très belle épreuve sur Japon. Rare.

222. — Menus au cochon nimbé, au cheval à la broche, au dindon volant, au paon, au jockey vainqueur et les violettes. *Planche d'ensemble.* (R. 490), très belle épreuve sur Japon, *signée*. Rare.

223. — Lettrines au cheval rétif au départ, à l'arrivée et au pesage. *Planche d'ensemble* (R. 499), très belle épreuve sur hollande, *signée*. Tirée en sanguine.

224. — Dans la Pusta, eau forte, nouvelle planche (R. 526), très belle épreuve sur hollande, *signée*.

225. — La cuisine de l'auberge des artistes à Auseremme (R. 538), 2e État, japon, *signée*. — Décembre un vieux poète (R. 541), japon, *signée;* ensemble 2 pièces, belles épreuves.

226. — Vieille histoire (R. 544), belle épreuve sur japon, *signée*.

227. — Humble nudité (R. 547), très belle épreuve sur japon, *signée*.

228. — Peuple (R. 550), très belle épreuve sur Creswyck, *signée*.

229. — Le médecin des fièvres (R. 552), très belle épreuve sur japon, *signée*.

230. — Feuille de nénuphar (R. 554), très belle épreuve du 1er Etat, sur whatman, *signée*.

231. — Plénipotentiaire (R. 557), très belle épreuve du 2e État sur japon, *signée.*

Avec une légende manuscrite autographe de six lignes.

232. — Soetkin et le petit Uylenspiegel (R. 559), très belle épreuve sur japon, *signée.*

233. — Le Coup de la Jarretière (R. 560), très belle épreuve sur Creswyck, *signée.*

234. — La Messagère du diable (R. 561), très belle épreuve sur hollande avec une légende autographe de Rops, 6 lignes.

Voici cette légende :

« Ains Messire Satanas se musse en tous vestement ou figure mortelle, et sauventes fois se fict voir ainsi qu'une antique maquerelle issant de son bourdeau, portant belle missive amoureuse ou joyaux aornés de perles venues des païs d'Orient et ce, avecques mellifius devis, il pousse les bachelles à lascives nuictées enlesquelles les feit chevaulcher par œgypons et satyrions lesquels sont servants d'Enfer et ce jusqu'à ce que mort s'en suive.....

Jacques Pontauru,

(*Farces et Gauderies de Païs Nameurois*).

235. — Vénus milita (R. 562), très belle épreuve sur japon, *signée.*

Dans la marge inférieure un admirable petit croquis au crayon : Satyre.

236. — Frontière de Belgique (Billet à désordre) (R. 563), très belle épreuve du 3e Etat, sur Japon, *signé.*

237. — Très vieille (R. 565), très belle épreuve du 1er État, sur hollande. La même pièce, très belle épreuve du 2e État, sur japon ; ensemble 2 pièces.

238. — Mater dolorosa (R. 567), très belle épreuve du 3e État sur japon, *signée.*

239. — La pudeur de Sodome (grande planche) (R. 569), très belle épreuve sur Creswyck, *signée.*

240. — Daphné ou le Livre moderne (R. 571), très belle épreuve sur japon, *signée*.

Nous y joignons la réduction gravée sur bois.

241. — La nourrice aux Satyrions (R. 573), très belle épreuve sur japon, *signée*.

Notre épreuve présente quelques retouches de pointe sèche dans l'extrémité inférieur de la draperie, (non décrite au catalogue).

242. — La Justicière ou Ecce homo (R. 574), très belle épreuve sur japon, *signée*.

243. — Poitrail (R. 575), très belle épreuve du 1er État, sur Hollande.

Dans cet état non décrit le sujet principal esquissé mais en sens inverse la figure regardant à droite.

La même pièce, 2e État, japon, *signée*, très belle épreuve avec la figure de face, ensemble 2 pièces.

244. — Pénombre (R. 576), très belle épreuve sur hollande.

245. — La pantoufle de Cendrillon (R. 577), très belle épreuve du 3e État sur Creswyck, *signée*.

246. — Satisfaction (R. 578), très belle épreuve sur hollande.

247. — Madame Hammelette (R. 581), 2 très belles épreuves du 2e État, une *signée*, cette dernière avec des effaçages *non décrits* : dans le fond, en haut et sous la main ; ensemble 2 pièces.

248. — Un pianiste shaker (R. 582), très belle épreuve du 3e État, sur Japon, *signée*.

249. — La Belle et la Bête (R. 583), très belle épreuve sur vieux papier, *signée*.

250. — La vieille au chapelet (R. 584), très belle épreuve sur vieux papier, *signée*.

251. — La planche au Capucin (R. 590), sur japon. — Planche de la Buveuse, ou Vin d'Espagne (R. 592), 3e État, japon, *signée*, ensemble 2 pièces, très belles épreuves.

252. — Speculum (R. 598), très belle épreuve sur japon du 2e État.

253. — Satan jetant à la terre la pâture qu'elle attend (R. 613), très belle épreuve sur japon avec légende autographe de Rops, 6 lignes.

254. — Déplorable attitude (R. 614), très belle épreuve sur Creswyck.

255. — James Tobyun (R. 618), 3e État sur japon, *signée*. — Librairie de l'Art Indépendant (R. 620), ensemble 2 pièces, belles épreuves.

www.ingramcontent.com/pod-product-compliance
Ingram Content Group UK Ltd.
Pitfield, Milton Keynes, MK11 3LW, UK
UKHW020519180726
13839UKWH00005B/2191